INSTITUTION

DE LA

BANQUE FONCIÈRE

DE FRANCE,

AVEC PRIVILÉGE,

Par *VAIRON*,

Membre de la Société Académique de St.-Quentin (Aisne.)

SAINT-QUENTIN.

Typ. Ad. MOUREAU, Lithog., place de la République, 7.

1850.

CRÉDIT FONCIER.

Labourage et Pâturage sont
les deux Mamelles de l'Etat.

SULLY.

Depuis long-temps , en France , que l'agriculture se débat contre l'usure par le défaut de l'institution du Crédit foncier , qu'ont fait les Gouvernemens précédens pour y remédier ? Rien ! Quand les législateurs d'un état ne protègent pas mieux l'agriculture , ne brouttent-ils pas la bienfaitrice ?

N'est-ce pas le sol qui paie les impôts, qui procure la plus grande masse des salaires , qui nourrit, loge et chauffe tous les habitans , et la plus grande partie ne sont-ils pas vêtus avec ses produits ?

Nous disons que le sol nourrit ses habitans , nous voulons dire qu'il devrait nourrir ses habitans et au-delà. Mais que viennent nous révéler chaque année, les états officiels de nos douanes ? Ils viennent nous révéler le chiffre énorme des importations de produits agricoles manquant à notre consommation intérieure, nous payons ainsi une forte prime à l'étranger aux dépens de notre industrie nationale , et nous restons exposés au retour de la même calamité qui a pesé sur le pays en 1847. D'où vient donc ce manquant de produits agricoles à notre consommation ; si ce n'est l'absence de capitaux circulant et l'impossibilité de s'en procurer ?

L'intérêt des capitaux placés dans le commerce rapporte 6 , 9, 12 et 15 pour cent , quand celui des capitaux en fonds de terre ne rapporte actuellement que trois pour cent.

1850

D'après cela qu'on s'étonne encore pourquoi l'agriculteur ne
trouve pas à emprunter, et pourquoi il nous reste en France,
quatre millions d'hectares de terres vagues, landes et bruyères,
et dix millions d'hectares de terres arables qui ne produisent
que moitié de ce qu'elles devraient produire.

En Allemagne et en Pologne, des institutions de Crédit foncier existent et favorisent puissamment l'agriculture. En An-
gleterre, le capital d'exploitation par hectare, se trouve triple
de celui de l'exploitation française, et produit dans les mêmes
proportions. Pourquoi donc resterions-nous en arrière de nos
voisins? Est-ce que l'institution du Crédit foncier peut nuire au
commerce? Ne viendrait-il pas, au contraire, favoriser les
transactions de toutes les manières, soit en abaissant l'intérêt
des capitaux, soit en produisant les matières agricoles à plus
bas prix?

Or, en vous demandant l'institution du Crédit foncier, l'a-
griculture vous demande la protection de l'industrie et du commerce : le travail à des milliers d'ouvriers qui chôment ; la
nourriture plus abondante et à meilleur marché, à trente-cinq
millions d'habitans ; d'abriter ces habitans contre le retour des
calamités de la famine, de rétablir rationnellement l'intérêt des
capitaux, ainsi que leur circulation ; de payer annuellement à
l'état en outre des contributions foncières, un pour cent,
que vous demanderez en vain aux capitaux. Voilà ce que l'a-
griculture souffrante ne cesse de vous demander, ou plutôt de
vous offrir.

Mais comment nos précédens législateurs y ont-ils répondu?
Voyons : que signifient leurs fermes modèles, leurs fermes ré-
gionales, leurs inspecteurs d'agriculture, leurs projets sur la réforme hypothécaire et le Crédit foncier, leurs Congrès agricoles
qui s'improvisent à Paris, pour y renverser leurs propres commissions, et au bout de tout cela, leurs 45 centimes imposés à
la propriété? Véritable cavillation !!!

L'Agriculture souffrante ne doit pas être ainsi tergiversée,
quand elle vient vous offrir tous les avantages qui précèdent

et les garanties les plus sérieuses pour la réalisation. Elle vient offrir à l'état et à la société, deux milliards de garantie en fonds de terre qui produisent et qui sont à l'abri d'un tour de main révolutionnaire. En échange, elle vous demande *le privilége* d'un milliard de papier, faisant office de monnaie, remboursable par une combinaison qui conciliera tous les intérêts.

Cette combinaison qui attribuait un pour cent annuellement à l'état pour prix de son privilége, se trouve refondue dans la combinaison ci-après :

Des Commissions.

Maintenant que les commissions de la réforme hypothécaire et du Crédit foncier sont tombées dans le même dédale que les précédentes commissions, il ne reste plus aux propriétaires agriculteurs qu'à protester.

Comment ces Messieurs ont-ils pu s'imaginer que les propriétaires-fonciers viendraient s'incliner devant l'usure et lui proposeraient d'aliéner leurs fonds incommutablement ; encore avec cette dénigrante adjonction, celle de la publicité ? Triple dérision !!!

Est-ce que le régime hypothécaire, quel qu'il soit d'ailleurs, n'est pas aujourd'hui la plus détestable garantie pour les emprunteurs et les prêteurs ? Avons-nous besoin de développer pourquoi ? Outre les frais dispendieux qu'il occasionne, n'a-t-on pas vu, depuis les événemens de février 1848, convertir les garanties hypothécaires, en celles purement personnelles ?

Monsieur Thiers.

En lisant le rapport de M. Thiers sur l'assistance et la prévoyance publique, le bon sens ne retrouve-t-il pas trop souvent ses hypotyposes vertigieuses sur le Crédit foncier ? Quand il se trouve (comme dans la circonstance présente), rapporteur d'une commission de l'assistance et de la prévoyance publique, n'improvise-t-il pas le chant funèbre de l'institution du Crédit foncier ? Voilà pourtant de quelle manière les grands intérêts de l'agriculture française ont toujours été sacrifiés par nos propres législateurs. A qui s'en prendre aujourd'hui , si cet état déplorable pouvait encore subsister, si ce ne serait à nous mêmes ,, nombreux électeurs des campagnes, que M. Thiers appelle paysans ? Nous pouvions envoyer à la chambre les sept dixièmes des représentans , possédant des connaissances spéciales et des idées plus généreuses : ils n'eussent pas manqué de défendre les intérêts de l'agriculture qui seront toujours ceux du pays. Nous allons voir à l'œuvre ceux que nous y avons envoyés.

Nous demanderons donc à M. Thiers , ce qu'a entendu notre honorable Président , en disant dans son Message : « Il faut « instituer le Crédit foncier , afin de développer les grandes « ressources du pays , etc. »

Qu'est-ce que ce Crédit foncier? Qu'est-ce que ces ressources ? Prouvez – nous que ce crédit puisse exister réellement d'une autre manière que nous le proposons , c'est-à-dire sans *privilége*, et que l'agriculture puisse développer ses ressources abondantes , sans le secours des capitaux , ou l'augmentation du capital d'exploitation. Prouver !!! Mais M. Thiers ne prouve pas , M. Thiers attaque et dénigre les personnes et les choses. Il dit aux paisibles propriétaires-cultivateurs : « Vous deman- « dez , à l'exemple de celle actuelle , une *Banque également pri-* « *vilégiée*, dont le roulement doit s'opérer par la Constitution « d'un milliard de papiers faisant l'office de Monnaie : vous êtes « des Cambons, des socialistes , des communistes. En déses- « poir de cause , vous demandez les mêmes institutions de « Crédit foncier, qui ont contribué au progrès et au bien-être « des autres nations voisines : vous êtes de trop petits pro- « priétaires pour les obtenir. En conséquence , dit-il , nous « concluons que le capital d'exploitation qui est *bon* au progrès « agricole de l'Allemagne, de la Prusse , du Wurtemberg , de « la Saxe , de la Bavière et de l'Autriche , etc. , est *mauvais* au « progrès agricole de la France. » Voilà (si non le bon sens) la logique développée par M. Thiers; ainsi du reste.

Nous ne suivrons pas l'auteur du rapport , ainsi que les

autres adversaires du Crédit foncier., dans toutes leurs asser-
tions aussi concluantes que celles que nous venons de relever ;
cependant nous ne pouvons nous empêcher de faire remarquer
celles suivantes :

Privilége.

En l'année 1803, l'état accorda le *privilége* à une banque à
la fois Caisse d'escompte et Caisse de dépôt. Depuis cette
époque, elle eut seule le droit d'émettre des billets au porteur
qui firent *l'office de monnaie.* Ces billets sont remboursables à
volonté, et la loi assimile aux faux-monnayeurs, les contrefac-
teurs des billets de cette banque. Son roulement d'affaires ne
dût s'étendre qu'aux négociations commerciales plus ou moins
parisiennes, plus ou moins occultes. Fidèle à son institution, elle
ne prêta jamais à l'industrie agricole ; cependant, elle se décora
du titre pompeux de Banque de France. Toutes les fois qu'elle
demanda à l'Etat l'augmentation de ses billets-monnaie, elle en
obtint l'autorisation tout aussi facilement sous notre nouvelle législa-
tion en 1849 que sous l'ancienne législative en 1806. En sorte
qu'aujourd'hui, elle se trouve bien et dûment autorisée à met-
tre en circulation, l'énorme somme de passé 500 millions de
billets-monnaie, bien qu'à titre de garantie, elle dût tenir enfouis dans ses caves, environ les deux tiers de cette somme en
capitaux sous la surveillance de l'état. Cette surveillance se
borne à la situation de la banque, certifiée conforme aux écri-
tures, aux époques fixées. L'état ne peut se mêler aux opéra-
tions de cette banque, qui peut faire à sa guise les traités que
nous venons d'indiquer. Par le prestige qu'inspire son actif,
elle s'engage dans des transactions qui triplent souvent celui
de ses capitaux. Quelque fois même, elle prête à l'état des
sommes qui s'élèvent à 200 millions, et l'état s'empresse de lui
engager ses immeubles. Ses actions, d'une valeur nominale de
1,000 francs, somme réellement déboursée par ses actionnaires, étaient côtées à la bourse, avant le 24 février 1848, a
passé 3,000 francs.

Nous demanderons aux actionnaires privilégiés : vous qui

formez la plus grande partie de nos adversaires ; nous diriez-vous bien d'où vous proviennent ces énormes bénéfices, et pourquoi vous avez laissé toujours loin derrière vous l'agriculteur souffrant, qui demandait à vous emprunter au taux légal ?

Nous vous demanderons si la prudence et l'avenir d'un état lui commandent d'accorder le privilége de l'émission de papier-monnaie, à d'autre condition que celle de se trouver indemne, et s'il doit l'accorder contre des garanties éventuelles, celle de capitaux enfouis, qui ne sont pas à l'abri d'un tour de main révolutionnaire ?

Nous vous demanderons si votre banque actuelle ne doit pas au privilége gratuit de l'état, d'avoir triplé son principal, d'avoir triplé ses intérêts, et s'il est juste et raisonnable, que l'état vînt vous payer quatre pour cent du capital emprunté, quand vous-mêmes privilégiés, vous deviez lui payer un pour cent annuellement, pour prix de son privilége.

Nous vous demanderons si le soleil de l'industrie nationale, ne doit luire que pour l'usure et s'obscurcir pour l'industrie et l'agriculture, et si vous n'étiez pas réellement intéressés dans le privilége et l'usure, si vous en seriez les défenseurs exclusifs ?

Nous vous demanderons si la France était encore destinée à subir les horreurs d'un 24 février, et qu'il vienne à l'idée des disciples révolutionnaires, d'aller piller et dévaster votre banque, comme ils ont eu l'idée d'aller piller et dévaster les palais des Tuileries et de Neuilly, à quoi se réduirait votre garantie, et comment et avec quoi rembourseriez-vous vos billets au porteur ?

Mais qu'avons-nous besoin d'interroger l'avenir pour lui demander cette question ? Les mémorables événemens de février 1848, ne nous l'ont-il pas suffisamment révélé ? Alors que la province était justement alarmée des pillages et des crimes de toutes les manières, qui se commettaient à Paris, la province vous reporta vos billets, et voulut, par mesure de prudence, vous retirer ses écus, les leur avez vous rendus ?

Nous ne dirons plus qu'un mot sur votre privilége.

Tant que votre *privilége* restera le *seul et unique en France*, il ressemblera à un feu dévorant, qui flétrit tout ce qu'il touche, et qu'il ne laisse partout, où il a passé, que ruines et désolations, il ressemblera aussi à un assassin.

N'est-ce pas votre *unique privilége*, qui a ruiné toutes ces honorables compagnies qui faisaient concurremment le service d'escompte de la place de Paris, avec la Caisse des comptes-courans ?

N'est-ce pas votre *unique privilége*, qui a tué toutes les compagnies qui ont tenté de se reconstituer?

Aujourd'hui, n'est-ce pas encore avec votre *unique privilége*, que M. Thiers vient improviser à la tribune, le chant funèbre de notre institution : celle du Crédit foncier, et ne croit-il pas déjà avoir prononcé son dernier arrêt de mort ?

N'est-ce pas de votre *unique privilége*, que l'innocente victime doit recevoir le coup fatal, si toutefois ses défenseurs ne l'arrachaient à la fureur de son assassin ?

Mais comment ses défenseurs l'arracheront-ils? *Avec le même privilége que le vôtre.* En marchant de concert droit au but, non pour demander à acquérir davantage de terre qu'ils ne peuvent en payer, comme le dit sans cesse M. Thiers ; mais en observant une sage répartition, selon les besoins de l'agriculteur, et pour le progrès de son industrie, et dans la proportion qui sera indiqué ci-après.

Mais avons-nous bien cessé de nous trouver en divergence, non sur la nécessité de l'institution, elle est reconnue de tous ; mais dans les moyens d'exécution ?

Ne comptons-nous pas encore dans nos rangs, des hommes à qui M. Thiers a imaginé, qu'en demandant à l'état le *même privilége* que celui qu'il a accordé à la Banque de France, nous demandions des assignats? N'est-ce pas se jouer des personnes et des choses? Est-ce que le *privilége* accordé aux billets de la Banque de France, ainsi que le *privilége* à accorder aux coupons de la Banque foncière, parce qu'ils font, et feront l'office de monnaie, peuvent jamais être assimilés aux assignats de l'état? Sont-ils créés par l'état, garantis par l'état et payables par l'état? Non.

Ils sont créés, garantis et payables par des tiers. Ils ne jouissent que d'un *privilége égal à la confiance qu'ils inspirent et aux avantages qu'ils procurent,* tant pour le développement du progrès de l'industrie, commerciale que pour le développement de celui de l'industrie agricole du pays. Et ce serait se montrer mauvais citoyen, que de ne pas concourir à la réalisation de cette grande œuvre. Pour nous qui n'avons voulu y concourir que pour défendre les véritables intérêts de l'agriculture, en même temps ceux de l'état et de la société; pour nous qui n'avons d'autre intérêt préféré dans la lutte, que ce qui est admissible, juste et raisonnable, nous n'avons pas hésité à présenter la combinaison qui précède comme pouvant concilier tous ces intérêts.

Nous savions que l'état avait déjà proposé, et qu'il serait possible qu'il proposât encore l'impôt de un pour cent sur les capitaux. Nous n'avions pu voir dans ce projet de loi, un remède à l'usure : nous y avions vu le contraire, sous beaucoup de rapports. Pour dispenser l'état de présenter à l'avenir un tel projet de loi, nous avions indiqué de préférence, l'impôt sur son privilége, impôt qui devait lui procurer les mêmes ressources annuellement.

Cet impôt n'avait rien de vexatoire, puisqu'il était consenti volontairement par les preneurs. Mais s'il était juste que l'état imposât un pour cent annuellement, pour prix de son *privilége* au Crédit foncier, n'était-il pas juste qu'il imposât également un pour cent annuellement, pour prix de son *privilége* à la Banque de France ?

Mais voilà que depuis la présentation du projet de loi de un pour cent, nos législateurs actuels ont accordé, à titre gratuit, une nouvelle extension de *privilége* aux billets de la Banque de France. Serait-il rationnel de leur demander aujourd'hui de revenir sur leur propre décision ? Nous ne le pensons pas. Ces motifs nous dispensent donc de développer ici tous les avantages qui eussent résulté de notre combinaison , et puisqu'elle ne peut plus passer à l'état de proposition de loi , nous l'abandonnons pour la convertir en une autre proposition , qui ne conciliera pas moins tous les intérêts , et ne triomphera pas moins à l'établissement de la Banque foncière de France.

Voici cette combinaison :

Entre l'état qui accorde son *privilége* d'une part, et les propriétaires qui soumissionnent et affectent hypothèque , de l'autre :

1°. Créer un million d'actions nominatives , dites de la Banque foncière de mille francs , pour être délivrées sur double valeur foncière et hypothécaire , joindre autant de coupons au porteur que d'actions ;

2°. Faire payer à l'avance aux actionnaires cinq pour cent, annuellement *cinquante millions ;*

3°. Attribuer *un pour cent* aux actionnaires , pour amortir et créer le capital foncier , soit annuellement *dix millions ,* ci 10,000,000

4°. Attribuer 3 *francs* 65 *centimes pour cent* aux porteurs de coupons , à titre d'intérêt , soit annuellement 36 *millions* 500 *mill. francs ,* ci 36,500,000

5°. Distribuer 35 *centimes pour cent* aux mêmes porteurs de coupons , à titre de primes qui seront réparties par un tirage comme il sera dit ci-après , soit annuellement. 3,500,000

50,000,000 f.

6°. Créer une Banque qui fonctionnera dans les mêmes formes que celle actuelle.

Cette combinaison donnera les résultats suivans :

Intérêts.

Un intérêt réglé chaque jour aux porteurs de coupons , puisque ces intérêts sont combinés à *raison d'un centime du cent par jour* , soit *un décime* par coupon de 1,000 francs.

Or, rien de plus simple pour la négociation, puisque le nombre de jours écoulés du 1er janvier de chaque année sera le nombre de décimes à ajouter comme intérêt au principal du coupon à négocier.

Amortissement.

Afin de suivre proportionnellement l'amortissement, résultant du principal et des intérêts capitalisés, il *sera tiré annuellement* le nombre de coupons suivans, qui seront *timbrés, payables au porteur.*

S<small>AVOIR</small> :

Les 10 prem^{res} années, *chacune* 10,000 coupons, soit.	100,000
Les 10 années suivantes, *chacune* 20,000 coupons, soit.	200,000
Les 22 années suivantes, *chacune* 50,000 coupons, soit.	660,000
La 4 dernière année, le restant qui sera de	40,000

Années - 43. Coupons — 1,000,000

Primes.

Ces coupons ne continueront pas moins de porter intérêt à 365 centimes pour cent l'an. Ils recevront, en outre, à titre de prime et aussitôt leur sortie de la roue.

Annuellement.

Les 10 premières années, S<small>AVOIR</small> :

Les	1er sorti de la roue	582,010 f. soit 582,010 f.
Les	5 sortis ensuite, *chacun* . .	90,000 f. soit 270,000 f.
Les	5 sortis ensuite, *chacun* . .	60,000 f. soit 500,000 f.
Les	10 sortis ensuite, *chacun* . .	50,000 f. soit 500,000 f.
Les	20 sortis ensuite, *chacun* . .	18,000 f. soit 560,000 f.
Les	50 sortis ensuite, *chacun* . .	6,000 f. soit 500,000 f.
Les	100 sortis ensuite, *chacun* . . .	5,000 f. soit 500,000 f.
Les	500 sortis ensuite, *chacun* . .	900 f. soit 450,000 f.
Les	9311 sortis ensuite, *chacun* . .	90 f. soit 837,990 f.

10,000 coupons annuellement gagnant . . . . . 5,500,000 f.

Annuellement.

Les 10 années suivantes.

(11me à 20me incluse). — SAVOIR :

Les	2 premiers sortans, *chacun.*	191,005 f.	soit 382,010 f.
Les	6 sortis ensuite, *chacun* . .	45,000 f.	soit 270,000 f.
Les	10 sortis ensuite, *chacun* . .	50,000 f.	soit 300,000 f.
Les	20 sortis ensuite, *chacun* . .	15,000 f.	soit 300,000 f.
Les	40 sortis ensuite, *chacun* . .	9,000 f.	soit 360,000 f.
Les	100 sortis ensuite, *chacun* . .	3,000 f.	soit 300,000 f.
Les	200 sortis ensuite, *chacun* . .	1,500 f.	soit 300,000 f.
Les	1,000 sortis ensuite, *chacun* . .	450 f.	soit 450,000 f.
Les 18,622	sortis ensuite, *chacun* . .	45 f.	soit 837,990 f.

20,000 coupons annuellement gagnant . . . . . 3,500,000 f.

Annuellement.

Les 22 annnées suivantes.

(21me à 42me incluse). — SAVOIR :

Les	5 1ers sortant de la roue, *ch.*	127,336 f. 67 c.	soit 382,010 f.
Les	9 sortis ensuite, *chacun* . .	30,000 f. » »	soit 270,000 f.
Les	15 sortis ensuite, *chacun* . .	20,000 f. » »	soit 300,000 f.
Les	30 sortis ensuite, *chacun* . .	10,000 f. » »	soit 300,900 f.
Les	60 sortis ensuite, *chacun* . .	6,000 f. » »	soit 360,000 f.
Les	150 sortis ensuite, *chacun* . .	2,000 f. » »	soit 300,000 f.
Les	500 sortis ensuite ; *chacun* . .	1,000 f. » »	soit 300,000 f.
Les	1,500 sortis ensuite, *chacun* . .	300 f. » »	soit 450,000 f.
Les 27,933	sortis ensuite, *chacun* . .	50 f. » »	soit 837,990 f.

50,000 coupons annuellement gagnant . . . . . . 3,500,000 f.

La 43me et dernière année. — SAVOIR :

40,000 coup. sans tirage, recevant *chacun* 87 f. 50 c. soit 3,500,000 f.

Par cette combinaison , chaque coupon de la Banque foncière ne peut manquer de gagner *forcément* une des primes qui précèdent , c'est-à-dire , une des 24 primes suivantes :

Ou 382,010 francs , ou 191,005 francs , ou 127,336 francs 67 centimes , ou 90,000 francs , ou 60,000 francs , ou 45,000 francs, ou 30,000 francs, ou 20,000 francs, ou 18,000 francs, ou 15,000 francs , ou 10,000 francs , ou 9,000 francs , ou 6,000 francs , ou 3,000 francs , ou 2.000 francs , ou 1,500 fr., ou 1,000 francs , ou 900 francs , ou 450 francs , ou 300 francs , ou 90 francs , ou 45 francs , ou 30 francs et 87 fr. 50 cent.

Voici le résumé de ces diverses chances, en 43 ans.

10 Coupons gagneront chacun	382,010 f.	» c.
20 Coupons gagneront chacun :	191,005	»
66 Coupons gagneront chacun	127,536	67
50 Coupons gagneront chacun	90,000	»
50 Coupons gagneront chacun . . . . t . . .	60,000	»
60 Coupons gagneront chacun	45,000	»
398 Coupons gagneront chacun	30,000	»
550 Coupons gagneront chacun	20,000	»
200 Coupons gagneront chacun	18,000	»
200 Coupons gagneront chacun . . . , ...	15,000	»
660 Coupons gagneront chacun	10,000	»
400 Coupons gagneront chacun	9,000	»
1,820 Coupons gagneront chacun	6,000	»
2,000 Coupons gagneront chacun . . . . ,	3,000	»
3,500 Coupons gagneront chacun	2,000	»
2,000 Coupons gagneront chacun	1,500	»
6,600 Coupons gagneront chacun	1,000	»
5,000 Coupons gagneront chacun	900	»
10,000 Coupons gagneront chacun	450	»
55,000 Coupons gagneront chacun	300	»
93,110 Coupons gagneront chacun . . . . , . . .	90	»
186,220 Coupons gagneront chacun	45	»
614,526 Coupons gagneront chacun	50	»
40,000 Coupons recevront sans tirage	87	50

1,000,000 de Coupons gagnant tous comme ci-dessus.

Reconstitution du Crédit Foncier.

A l'expiration des 43 années qui précèdent, l'amortissement du capital social sera réalisé. Toutes les primes auront été soldées, et tous les coupons auront été *timbrés payables au porteur*.

Alors seulement, les actionnaires du Crédit foncier pourraient retirer leurs fonds de leur caisse d'amortissement, s'ils voulaient continuer de fonctionner sur les bases précédentes.

Dans le cas contraire, leur caisse pourrait fonctionner avec leurs écus, de la même manière que fonctionne la Banque de France actuelle. Leurs capitaux seraient la garantie de tous leurs coupons *émis payables au porteur*. Mais tous paiemens d'intérêts cesseraient, et toutes les hypothèques seraient radiées.

Proportions à garder à l'égard des soumissionnaires d'actions.

Si nous avons eu des raisons de relever l'opposition exagérée de nos adversaires, il ne faut pas que ces adversaires puissent avoir raison de nous relever de nos prétentions.

Le milliard de francs qui doit fonctionner en faveur du Crédit foncier, ne peut être réparti indistinctement à tous les propriétaires exploitans.

Nous exploitons en France vingt-cinq millions d'hectares de terres arables, y compris deux millions d'hectares en vignes ; opérant la division sur cette masse, chaque hectare aurait droit à la faible somme de 40 francs. Il faudrait donc exploiter 25 hectares de terre pour avoir droit à une action de 1,000 francs, ce qui ferait un contre sens, puisqu'on laisserait loin derrière le crédit foncier, ceux pour lesquels on l'aurait institué.

Il faut donc former deux catégories distinctes de propriétaires exploitans, qui ne participeront pas moins aux avantages du Crédit foncier, selon leurs positions réelles.

La première catégorie comprendra les soumissionnaires d'actions, ou ceux qui doivent recourir à l'emprunt.

La seconde catégorie comprendra les soumissionnaires de coupons au porteur, ou ceux des propriétaires qui déjà sont en bonne voie de prospérité et peuvent prêter.

La première catégorie comprendra ceux qui exploitent les 10 millions d'hectares dont nous avons déjà parlé, comme ne produisant pas actuellement autant que les autres terres de même nature.

Ils auront droit à 100 francs par hectare. Ainsi, il suffira d'exploiter 10 hectares de terre, pour avoir droit à une action de 1,000 francs, et comme nous voulons concilier tous les intérêts, il suffira même d'exploiter 6 hectares de terre pour avoir droit à une action ; d'en exploiter 16 pour avoir droit à 2 ; d'en exploiter 26 pour avoir droit à 3 ; et ainsi de suite, remontant par fraction de dizaines d'hectares.

Les futurs actionnaires auront donc soin d'exprimer, dans leurs soumissions, la quantité d'hectares qu'ils exploitent, puisque ce nombre réglera celui des actions qu'ils auront droit d'obtenir.

Ces soumissions contiendront, en outre : leurs noms et prénoms, professions et domiciles, et seront certifiées sincères et véritables par le maire de la commune, sous peine de déchéance.

Registre des soumissionnaires d'actions.

Il sera ouvert un registre au siége de la Société agricole réunie à Paris. Sur ce registre seront consignées les soumissions d'actions. C'est à cette société que les soumissions seront adressées franco, dans les formes que nous venons d'indiquer, et c'est par les soins de cette société que ces soumissions seront inscrites au susdit livre dans l'ordre et au fur et à mesure de leur arrivée.

Les soumissionnaires ne devront pas perdre de temps à faire cet envoi, s'ils ne veulent s'exposer à perdre leur inscription ; car les premiers inscrits au nombre suffisant d'actions à soumissionner, exclueraient toujours les autres souscripteurs qui ne seraient inscrits qu'après eux.

Les futurs actionnaires s'empresseront d'autant plus de soumissionner, que leurs intérêts en dépendent. Il suffit d'ailleurs
d'avoir démontré qu'à l'expiration de 43 années de la constitution sociale, ils se trouveront propriétaires du milliard amorti,
par le paiement d'un simple intérêt légal, et conséquemment
propriétaires d'une des meilleures Banques que la France ait jamais vue fonctionner.

Registre des soumissionnaires de coupons au porteur.

Il sera aussi ouvert au siége de la même société à Paris, un
second registre sur lequel seront inscrits les noms des soumissionnaires de coupons au porteur. C'est à cette société que les
soumissionnaires enverront franco leurs soumissions, et cette
société les inscrira au registre, au fur et à mesure de leur ré-
ception.

Les soumissions contiendront les noms et prénoms des soumissionnaires, leurs domiciles, leurs professions, le nombre
de coupons qu'il souscrivent et leurs signatures. Ces signatures
seront légalisées par les maires des communes sous peine de
déchéance.

Qu'avons-nous besoin d'engager les propriétaires fonciers à
se hâter de soumissionner? Leurs intérêts ne le leur recom-
mandent-ils pas suffisamment?

Ne savent-ils pas que tant vaut le capital d'exploitation, tant
vaut la production. Que plus la terre produit, plus elle acquiert
de valeur, et que cette valeur ne peut manquer de profiter à
ceux qui possèdent.

Les propriétaires fonciers sont donc doublement intéressés à
concourir à cette souscription, puisqu'en outre des beaux
avantages attachés à leurs coupons par les intérêts et les primes, ils profiteront encore de ceux qui résulteront de l'augmentation de la valeur de la propriété?

Ont-ils besoin d'interroger l'avenir pour se convaincre de
cette réalité?

Le passé ne le leur a-t-il pas suffisamment révélé? La propriété n'a-t-elle pas doublé de valeur depuis trente ans , par la raison que le progrès agricole a doublé également? Et aujourd'hui, ne nous reste-t-il pas encore à faire des progrès immenses que nous ne pouvons manquer de réaliser, avec le secours du capital d'exploitation ?

Les propriétaires aisés se feront donc inscrire au grand livre des coupons au porteur, et nous ne doutons pas qu'ils le feront avec empressement et avec célérité.

Conclusion.

Voilà dans toute sa simplicité la marche que nous avons a suivre.

Mais n'oublions pas que de tous nos chefs d'état, ce fut notre Président qui proposa franchement, le premier, les institutions du Crédit foncier. Que si son nom, sa loyauté, ses talens et ses vertus patriotiques le recommandaient aux suffrages de six millions d'électeurs , il a déjà su y répondre dignement , par son intelligence de nos besoins et par son idée forte d'achever les grandes œuvres qu'il a proposées.

D'une main , présentons-lui donc nos Statuts, qui portent avec eux l'empreinte du progrès, de l'économie et de la moralité ;

De l'autre, présentons lui les deux grands livres qui en sont les corollaires :

Le succès est assuré.

Ayons aussi confiance en nos Représentans ; croyons qu'ils ont la même intelligence de nos besoins, et qu'ils marcheront, de concert à cette fin , avec la Présidence et le Ministère. Ne doutons donc pas qu'ils n'adoptent et n'accueillent, avec empressement, toutes les mesures qui vont leur être présentées , comme étant indispensables au développement du progrès agricole et au bien-être du pays.

Jeancourt, près St-Quentin (Aisne) , le 8 Mars 1850.

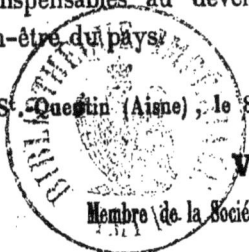

VAIRON ,

Membre de la Société d'Agriculture de St-Quentin.

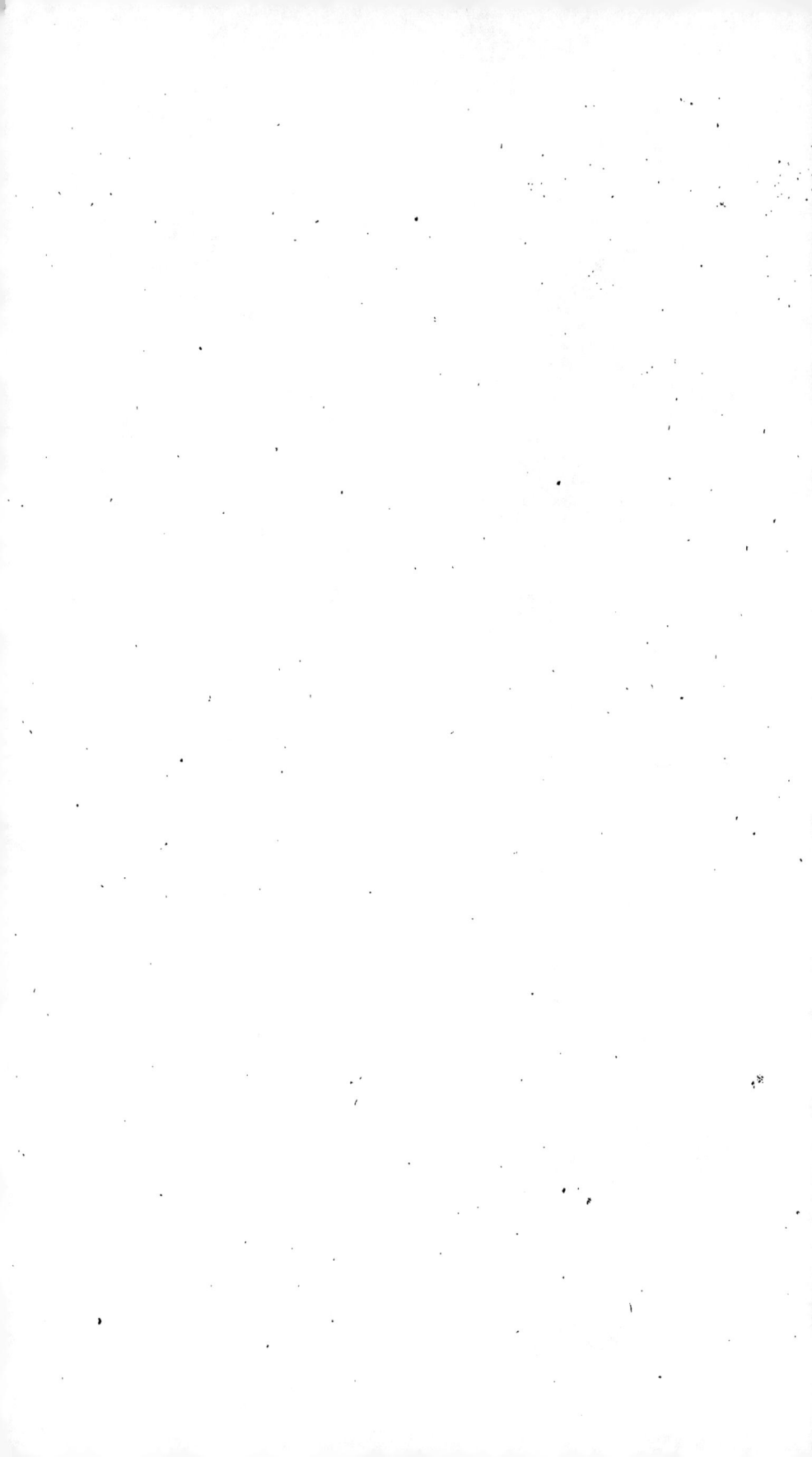